EL SENTIDO DE VIVIR

EL SENTIDO DE VIVIR

100 y más: imágenes, poesía y prosa, Zen

S. Jorge Cruz Suárez

EL SENTIDO DE VIVIR
@ 2022 - S. Jorge Cruz Suárez

Primera edición: Septiembre de 2022

Maquetación interiores y portada: https://maquetadordelibros.es
Diseño de portada: Editora BGR

ISBN: 9798360599821
Sello: Independently published

Impreso en España – Printed in Spain

No está permitida la reproducción total o parcial de este libro, ni su tratamiento informático, ni la transmisión de ninguna forma o por cualquier medio, ya sea electrónico, mecánico, por fotocopia, por registro u otros métodos, sin el permiso previo y por escrito del autor.
Todos los derechos reservados

ÍNDICE

EL "SENTIDO DE VIVIR"	9
TORII "LA ENTRADA SIN PUERTA"	12
¡A TODOS LOS ABUELOS!	14
LA ALEGRÍA DEL CAMINO	15
¿SE MUEVE LA BARRIGA?	17
¡A TODOS LOS PADRES!	19
NIÑOS - NIÑAS	21
LO QUE NO APRENDÍ	23
ESPERANZA DE SER	25
"YO SOY"	27
QUIEN TIENES FRENTE A TI	29
ZAMBÚLLETE EN MI OCÉANO	31
PARADOJA HUMANA	33
INSPIRO Y SIENTO LA VIDA	34
INSPIRAR... ESPIRAR...	35
LA SEMILLA CRECE CON SIGILO	37
AMO Y RESPETO	38
NUESTROS SENTIDOS Y LA MÚSICA	40
METÁFORA DEL BALDE	43
ALCE NEGRO	45
NUNCA CAMINAS SOLO	47
SI AMPLÍAS LA MIRADA Y TÚ NO ESTÁS	49
¡ABRAMOS A LA MAGIA DE LA VIDA!	51
EL SER LIBRE NO DIRIGE SU VIDA	53
LUZ DE ETERNIDAD	55
LA MAGNITUD DE NUESTROS PROBLEMAS	56
FUEGO Y CENIZAS	57
LA HUELLA DEL FUEGO	59
UN RATO AMISTOSO VS TEDIOSO	60
SOY PARTE DEL SOL	61

LO QUE EN REALIDAD SOMOS 63
ANTE SÍ 65
LA MENTE HUMANA 66
CUANDO YA NO ESTEMOS 67
SINTIENDO LA VIDA 69
CAERSE DEL AVIÓN 71
ESO QUE ESTÁ EN TI Y EN MÍ 73
LA TORTUGA Y EL MAR 75
BELLO RUIDO EL DEL AGUA 77
HOMO SAPIENS SIEMPRE YERRAS 79
SI LLEGASE EL HURACÁN A TU VIDA 81
FLOR DE LOTO ROSA 83
DESPERTAR CAMINANDO 85
BIODIVERSIDAD 87
LA ORUGA DEL PINO 89
DEJA QUE HOY ESTÉ TRISTE 91
CONTEMPLAR EN LA NATURALEZA 93
EL UNIVERSO EN DIEZ DIRECCIONES 97
SANA RELACIÓN CON LA NATURALEZA 101
EL SENTIDO DE MORIR... 103
BIBLIOGRAFÍA FUENTE 107
SOBRE EL AUTOR 109

EL "SENTIDO DE VIVIR"

RECUERDO QUE HACE AÑOS, en medio de una conversación entre amigos de manera espontánea, dije: "Y si en lugar de preguntarte acerca de qué es lo que quieres de esta vida, ...te preguntaras: ¿Qué es lo que la vida quiere de mí?, o mejor aún, si el Universo al que hemos nacido tuviera un propósito para los seres que lo habitamos, ¿de qué manera debiéramos conducir nuestras vidas y así atendiésemos a esa voluntad Universal?, ¿cuál sería entonces "El Sentido de Vivir"?

De alguna forma los seres humanos vivimos la vida desde la "dualidad" o la "separación", nuestro ego considera que existimos individualmente, y que también existe lo demás pero a cierta distancia: el resto de seres, La Tierra, y el Universo en su totalidad

Además, nuestra visión se ha sesgado por la temprana influencia genética, ambiental, familiar, social..., todo lo cual nos vuelve aislados, huérfanos de atención, necesitados de protección, desconfiados, presos de nuestros pensamientos y ávidos de seguridad, reconocimiento o placer. Así nuestras vidas estarían limitadas y frustradas, restringidas por el deseo de satisfacciones y el temor a la precariedad, el dolor, la soledad, o la muerte.

"*El Sentido de Vivir*" nos orienta hacia la "no dualidad", a observarnos desde la realidad más profunda de nuestro ser como algo único sí, irrepetible como una gota de agua o un copo de nieve, pero absolutamente inseparable, Uno con Todo el Universo. Comprender y aceptar la vida con sabiduría, tal como ella es, no en la medida de nuestros miedos o deseos ego-centrados que a la postre son el germen del odio, las guerras, la injusticia, el hambre, o la miseria.

EL SENTIDO DE VIVIR

The two most important days in your life are,
the day you are born,
and the day you find out why.

MARK TWAIN (1835–1910)

A través de la historia las religiones, teístas o no teístas, desde oriente a occidente, consagradas e institucionalizadas, por medio del culto, la oración, etc. han pretendido respuestas que no parecen dar satisfacción a las inquietudes intelectuales o espirituales más profundas sobre la razón de la existencia humana. Desde siempre, aunque quizás más notablemente desde mediados del siglo XX hasta las últimas décadas, en diversos lugares del mundo, algunas prácticas o herramientas espirituales o filosóficas, tales como la meditación, la contemplación, la autoindagación o el conocimiento de sí mismo; si parecen dar respuestas convincentes que pudieran dar Sentido a La Vida al margen de las religiones, incluso sin plantearse siquiera la existencia o no existencia de Dios.

La Meditación no es una forma de pensar, no es una religión, ni una actitud política, ni tan siquiera una norma de conducta; se trata de una herramienta simple como un espejo, a través del cual nuestro cuerpo, nuestra respiración, nuestra atención, acceden a la profundidad y neutralidad del silencio interior y así podamos beber de la única fuente, La Vida, allí de donde venimos, allá a donde vamos. Entonces nuestra mente se aquieta, nuestra visión se aclara, ahora está libre de ataduras, o condicionamientos, su pensamiento es breve y certero, siente y actúa, sin mediación de la voluntad, intuitivamente, inconscientemente, espontáneamente, a partir del propio equilibrio que brota de la armonía de su espíritu con el orden cósmico.

EL SENTIDO DE VIVIR

Torii – "La Entrada sin Puerta"

Huerto ecológico BioDrago.
El Valle de Agaete. Gran Canaria

TORII "LA ENTRADA SIN PUERTA"

Matsuo Basho (1644-1694) "Sendas de Oku"
Conmovido por el paisaje de Shirakawa (Japón), escribió:

"Imposible pasar por ahí sin que fuese tocada mi alma".

"TORII" ES EMBLEMA DE AMOR y respeto a la naturaleza por lo cual en Japón se suele encontrar a la entrada de grandes espacios ajardinados. También se traduce como "pasa a través y entra", invitándonos a separar el mundo profano o material, del mundo sagrado o espiritual. Al pasar el Torii se apartarían de la mente las distracciones cotidianas para, a continuación, presentarse a la dimensión espiritual. Su presencia nos indica que más allá hay un lugar sagrado y por tanto, si apetece, podemos hacer una pequeña reverencia antes de cruzar.

En el Budismo Zen el Torii es la visualización del koan de Mumon:

"La Entrada sin Puerta"

*La Gran Vía no tiene entrada,
miles de caminos la penetran.
Una vez que atraviesas La Entrada sin Puerta,
caminas libremente en el universo.*

¡A TODOS LOS ABUELOS!

De niño, me ilusionaba algún día ser viejo y ser sabio,
hasta me imaginaba con barba blanca y casi sin pelo.
Ya a las puertas de lo primero,
para lograr lo segundo,
...es preciso ser niño de nuevo.

S. Jorge Cruz Suárez

S. Jorge Cruz Suárez

LA ALEGRÍA DEL CAMINO

*Al cruzar el umbral
a las puertas del campo,
sientes libertad en tus pasos,
la alegría del camino,
de la ida o el regreso,
al origen o al destino.*

Camino de Santiago. Asturias

EL SENTIDO DE VIVIR

"El bebé se mueve"

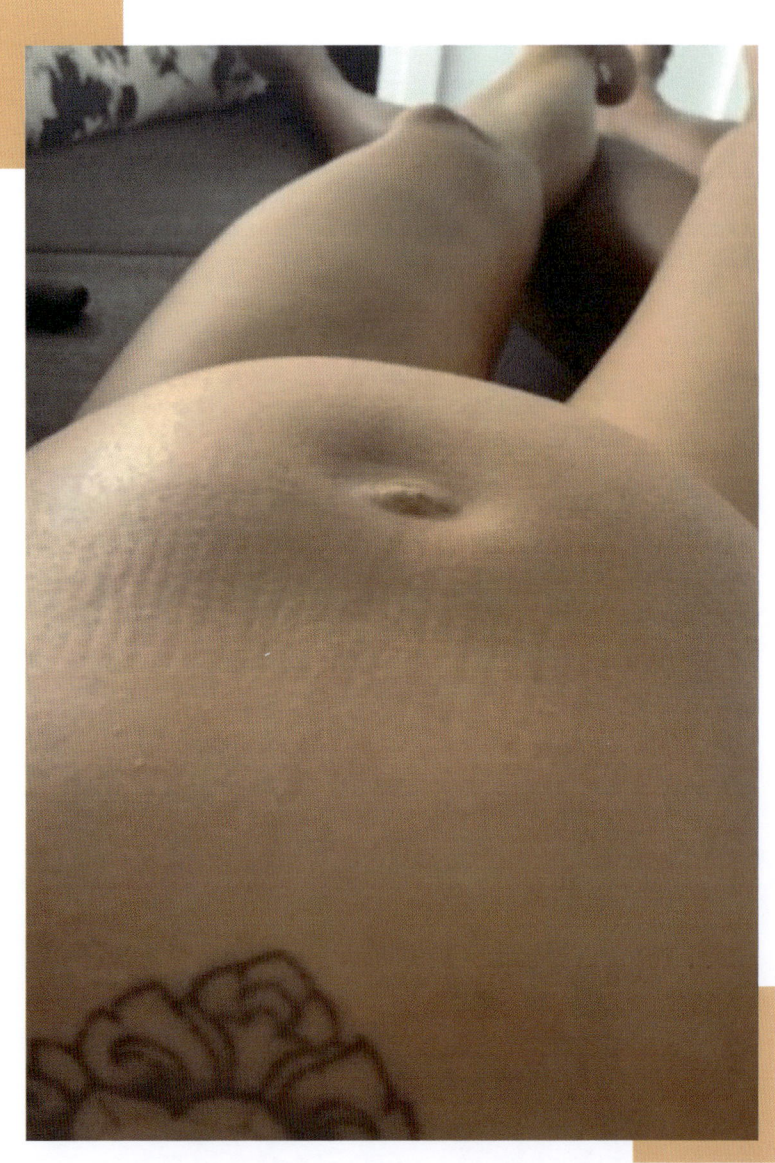

¿SE MUEVE LA BARRIGA?

No, el bebé se mueve.
Y su energía ¿de dónde viene?
Es el latir del corazón de su madre.
Y su energía ¿de dónde viene?

Entonces la energía es antes que el bebé,
y también es antes que su madre,
late incluso antes que su abuela,
brilla en la luz y agita el aire,
late en el agua y en la tierra.

¿Se mueve la barriga?
No, el bebé se mueve.

Igual que la planta abre su flor,
como el ave rompe el huevo,
o la tortuga cruza la arena.

Entonces la barriga se mueve,
el bebé se mueve,
la planta, la tortuga, el ave.

El Universo, la Vida toda se mueve.
¡¡Seamos Uno con Ella!!

EL SENTIDO DE VIVIR

"Podéis esforzaros en ser como ellos"

¡A TODOS LOS PADRES!

"Vuestros hijos no son vuestros hijos,
son los hijos y las hijas del ansia de la vida por sí misma.
Vienen a través vuestro, pero no son vuestros.
Y aunque vivan con vosotros, no os pertenecen.

Podéis darles vuestro amor, pero no vuestros pensamientos
porque ellos tienen sus propios pensamientos.
Podéis abrigar sus cuerpos, pero no sus almas,
pues sus almas habitan la mansión del mañana
que vosotros no podéis visitar, ni siquiera en sueños.

Podéis esforzaros en ser como ellos,
pero no intentéis hacerlos como vosotros,
pues la vida no retrocede ni se detiene en el ayer.
Sois los arcos con que vuestros niños,
cual flechas vivas, son lanzados.

El arquero ve el blanco en el camino del infinito,
y él, con su poder, os tensará,
para que sus flechas puedan volar rápidas y lejanas.

Que la tensión que os causa la mano del arquero sea vuestro gozo,
ya que así como él ama la flecha que vuela,
ama también el arco que permanece inmóvil".

KHALIL GIBRAN. "El Profeta"

EL SENTIDO DE VIVIR

"Los demás solo seamos testigos"

NIÑOS - NIÑAS

Recién nacidos a la Vida, mensajes de Luz serena.
Entonces aprendamos de ellos.
Ellos traen paz, seamos pacíficos,
ellos son inocentes, seamos lo mismo,
ellos son poquita cosa, seamos nada.

Con un nombre u otro, de una familia u otra,
cualquier ser vivo, un bebé u otro,
anuncian un mensaje sereno, impoluto, anónimo.
Aprendamos de los recién llegados a este mundo,
pues traen la realidad directa desde la única fuente.

La Vida.

Los demás solo seamos testigos,
admiradores curiosos del misterio apasionante,
del eterno y simple, amanecer a la vida,
de una niña, una flor, un insecto, una hierba.

TAMADABA. AGAETE. GRAN CANARIA

LO QUE NO APRENDÍ

Los niños me enseñan lo que no aprendí,
que en su consciencia no hay tiempo,
ni sábados, domingos, ayer, o mañana,
ni fiestas, duelos o cumpleaños.

Su memoria es breve, su futuro incipiente,
saben que la vida sólo ocurre ahora,
mueren al ayer, sin mirar adelante,
vivir es únicamente posible en este instante.

Los niños me enseñan lo que ya olvidé,
jugar, saltar, sonreír abiertos a todo.
Que el milagro es amar, ¡amar ahora!
No lo es andar sobre el agua, mañana.

EL SENTIDO DE VIVIR

"Y si soy Nada... Soy Vida"

ESPERANZA DE SER

Y si soy Nada... Soy brisa en el aire.
Y si soy Nada... Soy azul tras las nubes.
Y si soy Nada... Soy luz entre la niebla.

Y si soy Nada... Soy el canto de un pájaro.
Y si soy Nada... Soy transparencia en el agua.
Y si soy Nada... Soy rocío entre la hierba.

Y si soy Nada... Soy semilla en la tierra.
Y si soy Nada... Soy flor en primavera.
Y si soy Nada... Soy la sonrisa primera.

EN LA ESPERANZA DE SER, SOY NADA,
EN LA ESPERANZA DE SER, SOY VIDA.

Y si soy Nada... Soy Vida.
Y si soy Vida... No existe la muerte.
Y si soy Nada sólo La Vida es, ...Eternamente!

EL SENTIDO DE VIVIR

"La Fuerza que me respira"

"YO SOY"

La Vida que en mí late,
La Luz que mora en mí,
La Fuerza que me respira,
El Ser que todo habita,
ESE TODO, YO SOY.

Mis ojos que ven,
mis oídos que escuchan,
mi mente que imagina,
mi cuerpo que siente placer o dolor,
TODO ESO, NO SOY.

Mis emociones...
Deseo, temor, alegría, tristeza.
Mis pensamientos...
Memorias pasadas o expectativas futuras,
TODO ESO, NO SOY.

La Vida que en mí late,
La Luz que mora en mí,
La Fuerza que me respira,
El Vacío que me habita
ESA NADA, YO SOY.

S. Jorge Cruz, interpretado de:
Nisargadatta Maharaj, Ramana Maharshi
Upanishads (Antiguas Escrituras)

EL SENTIDO DE VIVIR

Presa de Chira. San Bartolomé de Tirajana. Gran Canaria

QUIEN TIENES FRENTE A TI

No es ni amigo, ni enemigo,
no es algo que tengas que vencer,
estás viendo tu imagen en un espejo
que te enseñará más sobre ti mismo.

¿Qué tal si el espejo es mágico?
y quien está enfrente también se ve a sí,
y se reconocen los dos seres a la vez;
y si fueran tres, o diez, o cien, o mil...

Quien tienes frente a ti...
No es amigo, ni enemigo,
es La Vida que te muestra,
te corrige, te enseña,
te comprende, te acaricia,
hasta que despiertes del sueño.

"Soy la espuma que brota de la cresta de la ola"

ZAMBÚLLETE EN MI OCÉANO

CON CADA GOTA QUE MI OCÉANO barre la orilla en que te hallas, voy a tu encuentro y te llamo sin cejar nunca en mi empeño, porque infinita es mi paciencia e inexorable es mi determinación. Escuchas el rumor de mi voz, admiras el poder de mi corriente, sientes que te acaricia la profundidad de mis vientos. Pero, ¿te percatas de la espuma?

En verdad, no soy mar, ni ola, ni rumor, ni viento. Soy la espuma que brota de la cresta de la ola y que desaparece de inmediato ante tus ojos. Búscame pues en la espuma. Y si eres de los valientes, zambúllete en mi Océano, aunque no esperes emerger de nuevo a la superficie, porque perderás completamente tu forma, y te disolverás en mí. Serás entonces gota entre las gotas de mi Ser. Luego te resucitaré desde mis profundidades y haré que brotes, cual blanca y ligera espuma sobre la ascendente cresta de mi ola. ¿Qué sería del mar sin las gotas? ...No podría ser el mar. ¿Y qué sería de las gotas sin el mar? ...Se evaporarían al instante.

IBN ARABI (El libro de las teofanías)
Poeta místico sufí de origen murciano (1165-1240)

"Tan solo déjate mecer"

PARADOJA HUMANA

*Es paradójico que los seres humanos,
"como si" nuestra vida fuese muy breve,
persigamos la satisfacción,
y apuremos la copa del placer.
Al tiempo también actuamos,
"como si" nuestra vida fuese eterna,
y acumulamos poder, dinero, seguridad,
almacenamos para muchísimos años.
Nos frenan memorias de miedo y dolor,
nos acelera el deseo y la ilusión.
No acumulemos, no persigamos,
no recuerdes nada de ayer,
ni te inquietes por el mañana.
Que sólo te mueva el Amor,
amor a todo, amor a todos,
sin prisas, sin frenos,
tan solo déjate mecer,
por el viento, por el mar, por la gente,
tan solo, déjate mecer.*

Altos de Gáldar. Vistas a Agaete y Tenerife

INSPIRO Y SIENTO LA VIDA

Inspiro y siento la vida,
veo las montañas, las nubes...
¡cómo el sol las enciende!

Espiro y siento la vida,
escucho ladridos, gallos y píos...
¡cómo el alma comprende!

S. Jorge Cruz Suárez

"Abrir la mano del pensamiento"

INSPIRAR... ESPIRAR...

Inspirar... Espirar...
Cuerpo y mente unidos,
¡Aquí! ¡Ahora!
Abrir la mano del pensamiento,
tocar la realidad,
consciente de Ser.

EL SENTIDO DE VIVIR

Drago de Pino Santo. Santa Brígida. Gran Canaria

LA SEMILLA CRECE CON SIGILO

La semilla crece con sigilo,
pero el árbol cae con estruendo,
la destrucción hace ruido,
pero la creación nace de la calma.
Ese es el poder del silencio.
¡Vive silenciosamente!

Confucio
Pensador chino – s.VI a. C.

"Amo a todos los seres"

AMO Y RESPETO

*Amo y Respeto,
el Universo que Habito,

a Todos los Seres,
y a Quienes Convivo.*

"Amo y Respeto"

AMOR UNIVERSAL, ABSOLUTO, SILENCIOSO, desinteresado, exclusivamente satisfecho en la simple acción de darse, amor que no precisa ser reconocido, o recíproco. Amor sin límites, solo acotado por el respeto a aquello que se ama; amor desprendido, no poseído por quien lo da, incombustible, eterno, ...Amor sin más.

"el Universo que Habito"

EL ESPACIO INFINITO QUE NOS ACOGE, la luz que resplandece la inmensidad celeste, el aire, el agua, la tierra, que sostienen la vida.

"a Todos los Seres"

AMOR NO EXCLUYENTE, amor a las personas y a todo lo vivo, a lo igual, a lo diferente, a los animales, a los insectos, a los árboles y a la hierba, a los ríos, a las estrellas, al mar y a las piedras, ...pues todas son el hogar de nuestra naturaleza que se refleja en ellas.

"a Quienes Convivo"

AMOR A NUESTRA PAREJA, a nuestros padres, a nuestros hijos, amor a las personas amigas, y también a las enemigas, pues todas son las luces y las sombras que nos muestran el camino.

EL SENTIDO DE VIVIR

"El arte nos expone al vislumbre de lo infinito"

NUESTROS SENTIDOS Y LA MÚSICA

NUESTROS SENTIDOS: vista, oído, gusto, olfato y tacto. Más allá del placer de la caricia más amable, del aroma más fragante, el alimento más exquisito, la melodía más sugerente, o la imagen más maravillosa; allí donde se agotan los límites de la percepción, en el clímax de nuestra capacidad de asombro, allí se inicia la apertura al infinito, allí es donde se eclipsa la dualidad, el objeto se diluye en el sentir y el sujeto ahoga su ego en el Mar de la Unidad.

"Lo propio de la belleza es este carácter de trascendimiento que contiene, llevándonos más allá de nosotros mismos hasta la Belleza Suprema".

Lo propio del arte, sean fragancias, imágenes, melodías o sensaciones, es brindarnos atisbos de la realidad, que alcancemos a paladear nuestra propia infinitud. En la música, el compositor, el intérprete, el bailarín, hasta quienes simplemente prestan sus oídos a la brisa que destila el ritmo y las notas, generalmente de manera inconsciente, se exponen además felizmente a ese vislumbre de lo infinito, donde esa pequeña vida que somos se nutre, se acuna y se mece, el Vientre Universal. Cualquier manifestación artística o composición musical, o el cuidado de enfermos, cualquier actividad humana, sea profesional o altruista, o en el hogar, etc., cualquier acción que desplegamos al servicio de otros, desde nuestro corazón, tomando la distancia correcta respecto de nuestros deseos o expectativas interesadas, será asimismo la actividad creativa del Ser Universal.

S. Jorge Cruz
Inspirado de: *Javier Melloni SJ. "El Deseo Esencial" (2009)

EL SENTIDO DE VIVIR

Manuel "Carila", mediados del s. XX. Agaete.

METÁFORA DEL BALDE

*Nada está quieto,
todo se mueve de maneras increíbles, nosotros también;
lo que hoy es mentira mañana es verdad, o al revés.
Bailemos con gracia el latir de la vida,
que nuestro tiempo no pase en balde.
En este mundo es muy difícil entendernos entre tantos,
y tan "listos" que somos todos, o eso creemos.
Podemos plantearnos ser felices así,
como el balde que puede servir para todo;
para recibir lo que le echen todos, y de todo,
así ser feliz, sentir orgullo del baile.
Ser capaz de contener y llevar,
y oportunamente vaciarse, ser a la vez lleno y vacío,
...de "todos" y de "todo".*

EL SENTIDO DE VIVIR

ALCE NEGRO (1862–1950)
HOMBRE SANTO, HOMBRE MEDICINA DE LOS SIOUX OGLALA.

ALCE NEGRO

Yo soy ciego, y no veo las cosas de este mundo;
pero cuando la luz viene de arriba,
ilumina mi corazón y puedo ver,
pues el ojo de mi corazón lo ve todo.
Para conocer el centro del corazón
en el que reside el Gran Espíritu,
hay que ser transparentes.
La persona que de este modo es pura,
contiene el Universo dentro de la bolsa de su corazón.

EL SENTIDO DE VIVIR

"No podía explicar el sabor de la manzana"

NUNCA CAMINAS SOLO

COSTA NORTE DE GRAN CANARIA. La mañana se regocijaba henchida de luz y de azul, mochila a la espalda, caminaba hacia Agaete. No un caminante solitario, el camino iba conmigo, las viejas botas pareciera que andaban solas, las piedras, la tierra, las hierbas, acogían cada paso. Tarareaba una antigua canción de cuna, de Johannes Brahms: ..."*despacito, duérmete, como la abeja en la flor...*"

Al respirar, la tierna ola de aire adentro siembra paz en mi pecho y mitiga mi sed, sed de ser, Uno con el Universo.

Tuneras, palmeras, tabaibas, toldas; el camino y la canción, y no existía yo, pues todo era Uno, el camino y yo.

Sentarse a la sombra y comer una manzana, de lo más habitual, y la misma percepción de unicidad, la manzana, su crujir, su jugo, su sabor.

Playa de Guayedra. Agaete. Gran Canaria

NUNCA CAMINAS SOLO…

YA EN AGAETE, EN LA CALETA, igual sentir, Todo era Uno, y no existía yo, la inmensidad celeste y el mar. El agua, su transparencia, su frescor, su tacto, la caricia más sublime sobre piel ajada, nadaba, y sobre el mar al sol miraba. Al final de la tarde la compañía feliz con los amigos. Por qué no me escuchan? Les preguntaba confuso. Y no les comprendía, no existía yo, todo era Uno. No podía explicar el sabor de la manzana, ni reproducir la transparencia del agua. No podía explicar cómo la tierna ola de aire se esparcía por mi pecho y mitigaba mi sed. Sed de ser, Uno con el Universo.

S. Jorge Cruz Suárez

Costa noroeste de Gran Canaria. Vistas desde Faneque.

SI AMPLÍAS LA MIRADA Y TÚ NO ESTÁS

Si amplías la mirada, y tú no estás, verás más allá de ti.
Si afinas el oído y no escuchas nada, sentirás melodías etéreas.
Si inspiras y no persigues aromas, te acogerá el aliento divino.
Si estás consciente, y tú no estás, vivirás la realidad eterna.

EL SENTIDO DE VIVIR

GUAYEDRA ARRIBA. AGAETE. GRAN CANARIA.

¡ABRAMOS A LA MAGIA DE LA VIDA!

La Magia de La Vida siempre está,
sutilmente se halla tras La Ventana,
velada por el deseo de que ocurra lo que anhelamos,
empañada por el miedo a que ocurra lo que tememos,
tercamente sostenemos el velo ante nuestra mirada.
La Magia de la Vida sucede a cada instante,
sutilmente se halla tras La Ventana,
en cada ser, en cada respiración,
en la lluvia, en la montaña,
en cada insecto, en cada flor.
Cada nuevo año, cada amanecer, cada minuto,
cada segundo, hasta en cada aliento.
La Ventana no es el marco, o el hueco en la pared, o el cristal.
¡Apreciemos La Magia de La Vida!
¡Retiremos los velos mentales!
¡Tan solo veamos luz, libertad, paz, y Amor sobre La Tierra!
Paradójicamente, Sentir La Magia de La Vida.
¡Es Despertar a La Realidad de La Vida!

EL SENTIDO DE VIVIR

Huerto Ecológico BioDrago. El Valle de Agaete. Gran Canaria.

EL SER LIBRE NO DIRIGE SU VIDA

Cualquier persona puede sopesar...
Si quiere dirigir su vida, su pequeño mundo,
entonces debe ejercer poder sobre algo,
ese que toma el control debe ser alguien,
debe investirse de identidad,
entonces eso que es poseído,
ata a quien es poseedor.
El ser libre nada posee,
su mundo es inabarcable,
universal, como el aire.

EL SENTIDO DE VIVIR

Tamadaba. Agaete. Gran Canaria.
"Montañas Sagradas". Patrimonio de la Humanidad. Unesco.

LUZ DE ETERNIDAD

Nacimos, aparecimos en medio de la vida.
¿Y de dónde venimos? ¿Ya existíamos?
¿Somos algo nuevo?, ¿exclusivo, o individual?
¿Somos una vida personal?
¿Somos parte indivisa de la propia vida?
Y ya que estamos, ¿por qué la melancolía?
¿Por qué el dolor, o el sufrimiento?
¿Por qué la enfermedad, o la muerte?
Y ya que estamos, ¿por qué la felicidad?
¿por qué el placer, o la alegría?
¿por qué la salud?, ¿por qué la vida?
Y ya que estamos, ¿por qué las tormentas?
¿Por qué las lluvias, o el viento?
¿Por qué los terremotos, o tsunamis?, ¿o virus?
Y ya que estamos, ¿por qué el cielo azul?
¿por qué el sol y su luz?
¿Por qué la miel, o las flores?
Nos preguntamos:
¿Y si al nacer a la vida, fuésemos la propia vida?
No una persona, no una historia individual.
Sí una vida, una historia universal.
¿Y si al morir a la vida, fuésemos la propia Vida?
No el día o su noche, no florecer o marchitar.
Sí una luz brillante, consciente de eternidad.

EL SENTIDO DE VIVIR

"A poco que tomásemos distancia"

LA MAGNITUD DE NUESTROS PROBLEMAS

LA MAGNITUD DE NUESTROS PROBLEMAS resulta de observar nuestra vida y circunstancias desde una visión tan corta, que nos impide darnos cuenta de que mínimos detalles acaparan el limitado tiempo y circunstancias de la escena. A poco que tomásemos distancia, podríamos percibir que ese espacio, ese instante, es tan solo el punto de partida, la entrada al infinito; es como el pájaro, que de tanto mirar su jaula, ve tan gruesos los barrotes, que no aprecia el vacío, donde nunca hubo puerta, …que siempre estuvo abierta.

S. Jorge Cruz Suárez

Incendio en Gran Canaria. Pinar de Tamadaba (Agosto-2019)
Jara, Jarón, o Amagante. *Cistus Symphytifolius*

FUEGO Y CENIZAS

FUEGO Y CENIZAS, NACER Y FLORECER, marchitarse y morir; las plantas, los seres todos, se agitan en la danza del viento. El universo surge y desaparece, en cada ahora, en cada aliento; tomar consciencia, maravillarse en ello, es razón de existir.

EL SENTIDO DE VIVIR

CRUZ DE TEJEDA. GRAN CANARIA

LA HUELLA DEL FUEGO

UN TAPIZ TODO NEGRO CUBRÍA EL CAMINO, comenzaba "la danza", pareciera un baile macabro de bailarines estáticos, retorcidos, su futuro se detuvo justo ahí; el verde y las flores enmudecieron su canto y el murmullo del lluvioso viento empalideció su color. Y los caminantes curiosos quisieran intuir el misterio de la vida, y pudieran leer entre las cenizas, imaginar el fuego aún más rojo, más blanco, más luz, hasta transformar lo visible en invisible, y devolver las partes a la totalidad, lo finito a lo imperecedero. Y tras el caos, donde se detuviera el batir de alas del pájaro "picapinos", el musgo sostiene verde su bandera, y otra vez la vida, el renacimiento, de nuevo luz sobre cenizas, y sobre una roca se recorta la silueta de "una madre", su sombra, de espaldas con su hijo en brazos escudriña el horizonte, la incertidumbre acaso. Y otra vez la vida, verde sobre seco, luz sobre sombras, impredecible, muchas veces cruel, pero más veces hermosa.

A veces pienso y me pregunto: ¿Y si no fuésemos actores protagonistas, sino tan solo espectadores de la vida, de la ajena y hasta de la propia? La naturaleza, el universo entero, ¿no sería un espectáculo maravilloso?

UN RATO AMISTOSO VS TEDIOSO

LA SITUACIÓN REAL DE UNA CONVERSACIÓN entre amigos, bajo el ánimo impetuoso de unas pocas cervezas, o incluso sin ellas. Las palabras, las frases, opiniones o ideas, se vierten incesantes en el mar inquieto de oleadas de voces altisonantes. Los brazos se agitan, pedimos nuestro turno de palabra; todos querríamos compartir, ser escuchados por los otros, pero cautivos de la importancia que damos a nuestra próxima intervención, tampoco prestamos nuestros oídos a las palabras de nuestros tertulianos. Todo se sucede atropelladamente, palabras, frases, ideas, opiniones inconexas habitualmente, son siempre huérfanas de silencio, de oídos atentos, de miradas a los ojos, de asentimiento, o desacuerdo, de comprensión al menos. Uno habla desde sí mismo pero raras veces de nosotros mismos, mejor de los otros, de los que no están, o de políticas, del deporte, de sucesos, o del tiempo. ¡Cuánta energía disipada, cuánta llamada a la atención ajena, cuánta esperanza frustrada!

¡¡Palabras huérfanas de oídos atentos!!

Altos de Gáldar. Gran Canaria.

SOY PARTE DEL SOL

Mis ojos ansían la luz porque soy parte del sol,
mis lágrimas y mi sangre llevan sal y agua de los mares,
y mis pies transitan la tierra porque soy parte de ella.
En tanto, mi pecho aspira el aire que las plantas exhalan,
mi vida se colma de luz, de mar, cielo, y tierra.

S. Jorge Cruz
Modificado de D. H. Lawrence

EL SENTIDO DE VIVIR

ALTOS DE STA. MARÍA DE GUÍA. GRAN CANARIA

LO QUE EN REALIDAD SOMOS

EL SER HUMANO ES COMO LA PERSONA que está en el cine, que ríe y llora ante las imágenes a pesar de saberse perfectamente sentada todo el tiempo en su butaca y que la película es solo el juego de los sonidos y la luz en la pantalla. Basta desviar la atención hacia uno mismo para romper el encantamiento. También durante el sueño se recrean historias que nos impresionan como si fuesen reales e igualmente se deshacen con el simple despertar, por el mero hecho de darnos cuenta.

Cuando el cuerpo muere, el tipo de persona que somos ahora o lo que creemos ser, la historia de nuestra vida, una sucesión hilvanada de hechos físicos y mentales más o menos casuales, también se acaban. Sin embargo, para evitar la sucesión de deseos, temores, placer o dolor, no es preciso esperar a la muerte del cuerpo, podemos hacerlo ahora mismo, basta con darnos cuenta, despertar a la realidad, desviar la atención al Ser y mantenerla allí.

S. Jorge Cruz.
Modificado de: Sri Nisargadatta Maharaj.
Yo Soy Eso. Ed. Sirio. 2017

EL SENTIDO DE VIVIR

"Ese yo que reflexiona no es tu verdadero Ser"

ANTE SÍ

¿Qué soy yo?:

...LO QUE PUEDA SEÑALAR COMO "esto" o "aquello" no puede ser usted. Usted no es algo perceptible o imaginable y sin embargo, sin usted, no puede haber percepción ni imaginación. Usted observa el sentir del corazón, el pensar de la mente, el actuar del cuerpo; el propio acto de percibir muestra que uno no es lo que percibe.

Sri Nisargadatta Maharaj.
Yo Soy Eso. Ed. Sirio. 2017

Si reflexionas sobre ti mismo:

...ESE YO QUE REFLEXIONA ya no es tu verdadero ser. No puedes proyectarte como algo objetivo en lo que poder pensar. La mente que piensa o que siente no puede atrapar la realidad.

Zuzuki Shunryu.
Mente Zen, mente de principiante. Gaia Ediciones 2011

"El Pensador" de Auguste Rodin (1840-1917)

LA MENTE HUMANA

LA MENTE HUMANA, siendo un contenido por lo demás limitado, circunstancial, transitorio, hasta superfluo, de la conciencia universal no posee entonces capacidad para elucidar o conceptuar acerca de la inmensidad que la contiene: El Todo

CUANDO YA NO ESTEMOS

Cuando yo no esté,
nada será diferente,
nada será lo mismo.

Cuando yo no esté habrá miles y millones de lunas.
Cuando no esté habrá miles y millones de soles.

Cuando tu no estés,
todo será diferente,
todo será lo mismo.

Cuando tu no estés habrá miles y millones de lunas.
Cuando no estés habrá miles y millones de soles.

"La Vida tal como Ella Es"

SINTIENDO LA VIDA

OBSERVANDO SUTILMENTE, corriendo muchos velos que desde antes de la niñez nublan las mentes. Sucede, ocurre, lo vivimos, se hace presente, se repite casi a cada instante, infinitamente. ¿Y qué es?

Es la vida, así de simple. Nacimos a la vida sin llamarla, y morimos sin negarla. Cada día la vida se nos da y se nos va, no intentemos frenarla, atraparla, acelerarla, rechazarla, repetirla. Casi cada cosa que necesitamos ya estaba antes que el ser humano, casi cada cosa que disfrutamos no es una decisión individual. Si pensamos brevemente en los mejores momentos de nuestras vidas, y también en los malos, todos nos fueron dados.

A saber: Nos satisface comer pero no producimos el hambre, deseamos el sexo pero no lo hemos creado, necesitamos el amor, la amistad, la unión entre todos los seres, nos recreamos en la naturaleza, en el mar, mirando la luna o las estrellas, perseguimos satisfacción, felicidad; sin embargo esta es esquiva y lo que logremos, nunca será suficiente.

Seamos amantes de la vida, sutilmente, discretamente, en silencio, no persigamos quimeras o ansiemos honores, pues nada se queda. Seamos amantes de nosotros mismos, disfrutemos el sentir palpitante, universal, infinito, de nuestras vidas, no nos empeñemos en que las cosas ocurran, se repitan, nos sorprendan como cada individuo quiere.

Los vientos, el sol, la lluvia, las plantas, los peces, los animales, los insectos, el mar, las nubes, las personas, todos los seres vivos, y hasta lo no vivo, únicamente somos manifestaciones de la propia vida. No nos queda otra que comprenderla, amarla, desearla, no a nuestra manera, sino como ha sido, es, y será, La Vida tal como Ella Es.

"No existe un yo que pueda morir"

CAERSE DEL AVIÓN

La Iluminación es como caerse de un avión.
La mala noticia es que no hay paracaídas,
la buena es que no hay suelo al que caer.

Choÿan Trungpa
Maestro Budista Tibetano (1939-1987)

EL MUNDO, TAL COMO LO ENTENDEMOS, es un avión en el que volamos del que debemos caernos, es una colección de cosas supuestamente reales, auto-existentes, incluidos nosotros mismos como individuos, o colectivamente como humanidad. Intentamos buscar seguridad en un paracaídas que no existe, identificándonos con cosas externas que puedan proporcionarnos el fundamento que anhelamos: dinero, posesiones, poder, atractivo, placeres, reputación, fama, etc. Lo que sea que acumulemos nunca nos parecerá suficiente. Entonces podemos decidir caer, abandonarnos, soltar y abrirnos a esta ausencia de fundamento en el que no hay seguridad, ni inseguridad; experimentar que no hay un suelo donde estrellarse, pues no existe un yo, un ego que pueda morir, en la medida en que nunca ha nacido.

S. Jorge Cruz
Explicación adaptada de David R. Loy. Ecodharma .2021

EL SENTIDO DE VIVIR

"De lo que soy nada tengo"

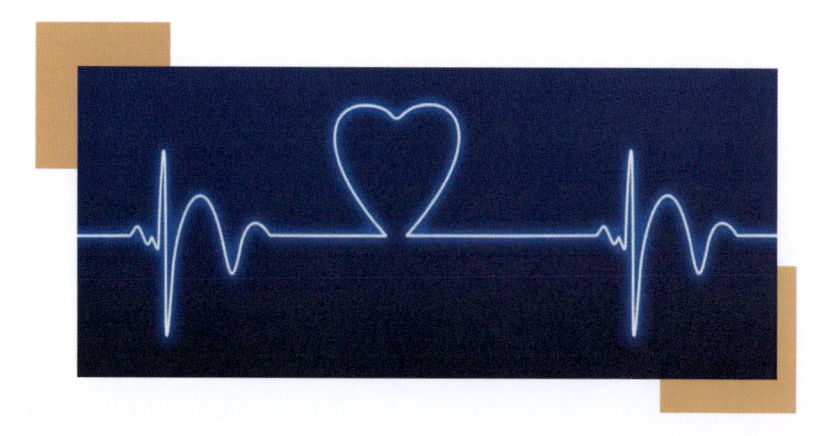

ESO QUE ESTÁ EN TI Y EN MÍ

No alabes nada en mí,
pues tengo todo lo que soy,
pero de lo que soy nada tengo.
No juzgues nada en mí,
pues no soy lo que ves,
ni lo que imaginas que soy.
Si valoras algo en mí,
que sea algo que no tienes,
pero que también está en ti.
Si valoras algo en mí que sea solo eso,
eso que está en ti y en mí
que nos hace uno con todo el universo.

EL SENTIDO DE VIVIR

"Sabedoras de la ilusión de todo lo que viene y va"

LA TORTUGA Y EL MAR

"La mochila no debe ir a tu espalda, ¡ponla a tus pies!"

HACE MÁS DE 250 MILLONES DE AÑOS las tortugas no tenían caparazón y se las podría imaginar muy ágiles desplegando sus aletas bajo el agua como cualquier pez, espontáneas, felices, en perfecta unidad en la inmensidad oceánica. Observaban confiadas el ir y venir de soles y lunas, el ir y venir de olas y mareas, sin límites, sin miedos; eran sabedoras de la ilusión de todo lo que viene y va, el día o la noche, los vientos o el mar. De esta manera las tortugas fueron presa fácil ante los depredadores del océano.

Y fue así que la evolución les dio auxilio, proporcionándoles primero, una coraza que salvaguardara su vientre, y más tarde su parte superior hasta lograr el caparazón de la tortuga actual en los siguientes 50 millones de años. Por ello viven ahora en el interior de su armadura, una casa que les cobija, que les da protección, pero que deben llevar consigo como una pesada mochila que las vuelve lentas, poco ágiles o flexibles, temerosas, limitadas, acaso infelices.

Algo así nos sucede a los humanos de hoy de forma consciente o inconsciente; nuestra meta es ser felices y para ello anhelamos el placer, el dinero, la fama, el poder y para lograrlo competimos con los otros y nos construimos a la medida nuestra propia armadura con condicionamientos o prejuicios que nos vuelven rígidos, limitados, temerosos, acaso infelices. Tampoco recordamos seguir el consejo del sabio: "Si viajas en tren y pretendes disfrutar el paisaje, la mochila no debe ir sobre tu espalda, ¡ponla mejor a tus pies!" Y nos olvidamos, como las tortugas, de la ilusión de todo lo que viene y va, como el día o la noche, los vientos o el mar.

EL SENTIDO DE VIVIR

"Los árboles se inclinan cuando pasa"

BELLO RUIDO EL DEL AGUA

Bello ruido el del agua,
se aventura feliz hacia su origen,
los árboles se inclinan cuando pasa,
la tierra se surca en medio de la hierba.
Bella la espuma que nada sobre ella,
se aventura anhelante a su destino,
blanca, transparente, presurosa,
zigzaguea entre meandros y piedras.

EL SENTIDO DE VIVIR

"La máscara"
Casa Museo Pintor Antonio Padrón. Gáldar. Gran Canaria.

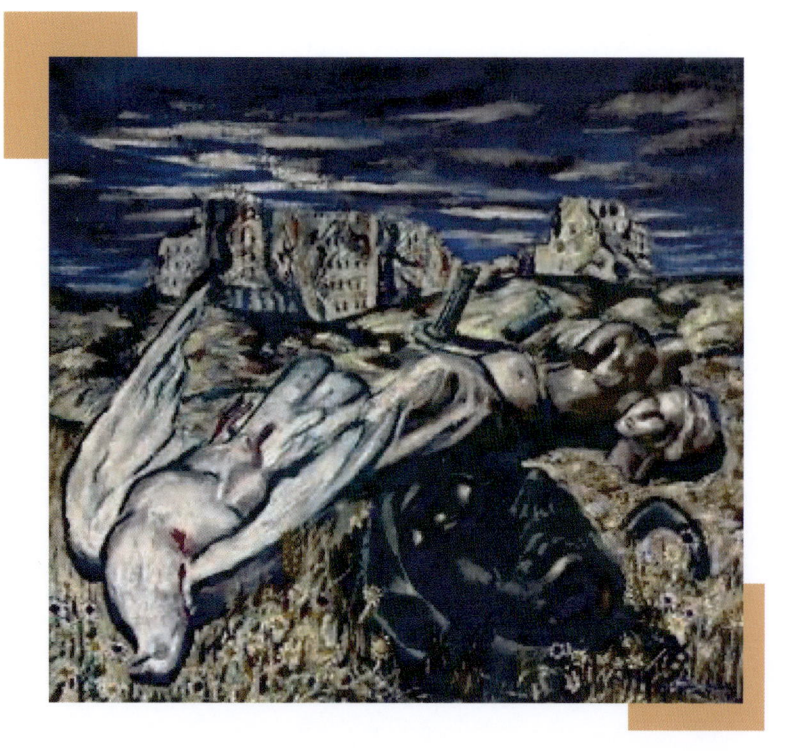

HOMO SAPIENS SIEMPRE YERRAS

Homo sapiens, siempre yerras,
quieres ser rana y sapo, pez en el agua, reptil en la tierra;
llegas a la vida en un llanto y en un soplo te vas de ella.

Querrías ser amo si mil años vivieras,
mariposas para que tú las veas, flores para que olieras,
sentir para que te amen, aunque no correspondieras.

Eres tú el que mira a las estrellas,
codicias su brillo y quisieras poseerlas;
más ignoras tu origen, o el destino que espera.

La vida es el agua, las flores y la tierra,
la vida es el sapo, la mariposa y tú, todo gira en torno a ella,
no eres el centro de nada, tan solo observas su magia.

Tsunamis, diluvios o guerras, incendios, sirocos, o virus,
abundancia, dolor y miseria, amor, placer, alegría.
¡Cuánto más para que entendieras!

EL SENTIDO DE VIVIR

"Respirad con paz, como la luz respira"

80

SI LLEGASE EL HURACÁN A TU VIDA

Si a vuestra vida un día llegase el huracán,
recordad y salvad vuestra quietud.
Si en el norte, a la sombra de un tembloroso álamo,
si en el sur, en la brisa de un naranjo.
Recordad como pasa el huracán por el junco,
y el junco no se inmuta, y el junco no padece,
porque el junco es flexible.
Esperad y sembrad como siembra el viento las estrellas,
pues llegará el otoño de los frutos,
si mantenéis en calma la mirada.
Si aún en la luz sois claros, sed muy flexibles,
respirad con paz, como la luz respira.
Ni el junco, ni el aroma, ni la luz se quiebran.
Si a vuestra vida llegase un día el huracán,
si hoy llegó el huracán a vuestras vidas,
respirad en su furia con quietud, hondamente, y esperad.
¡Ahora más que nunca!
¡Sed flexibles!
¡Sed junco, aroma, luz!

Antonio Colinas
"Libro de la mansedumbre" (1997)

EL SENTIDO DE VIVIR

"Ser hoja, ser flor, ser Luz"

FLOR DE LOTO ROSA

(*Nelumbo Nucífera*)

COMPRÉ POR INTERNET UNAS POCAS SEMILLAS y, también por internet, aprendí que la semilla se germina antes en un bote de cristal con agua. En unos días vi unos brotes que se alargan sinuosos hacia la superficie; entonces se traslada a una maceta con algo de tierra y se continúa su cultivo cubriendo con agua hasta por encima del nivel de los brotes que, intuyendo el camino, se estiran ávidos hacia la luz. Lo que comenzó siendo, sin más pretensiones, el cultivo de una planta para adorno de una charca, se tornaba un regalo para el alma mientras observaba su crecimiento, y recordaba su significado: "Padme" de "OM…MANI…PADME…HUM": "El Todo, La Joya, El Loto, El Vacío".

Según la metáfora, la futura flor, La Joya, primero oculta en la semilla presa de una cáscara muy dura, germina en medio del lodo con una ansiedad infinita de luz, hasta alcanzar la superficie del agua y regalar a todos su esplendor de luz y color. En la foto, las hojas de Loto parecieran manos abiertas, extendidas, sosteniendo gotas de rocío, y al mirar la gota podía ver el reflejo del Todo, y en la profundidad del Vacío, el camino transcurrido hasta imaginarse en un eterno presente… Y ser hoja, ser flor, ser Luz.

EL SENTIDO DE VIVIR

"No se detiene el pincel de lo eterno"

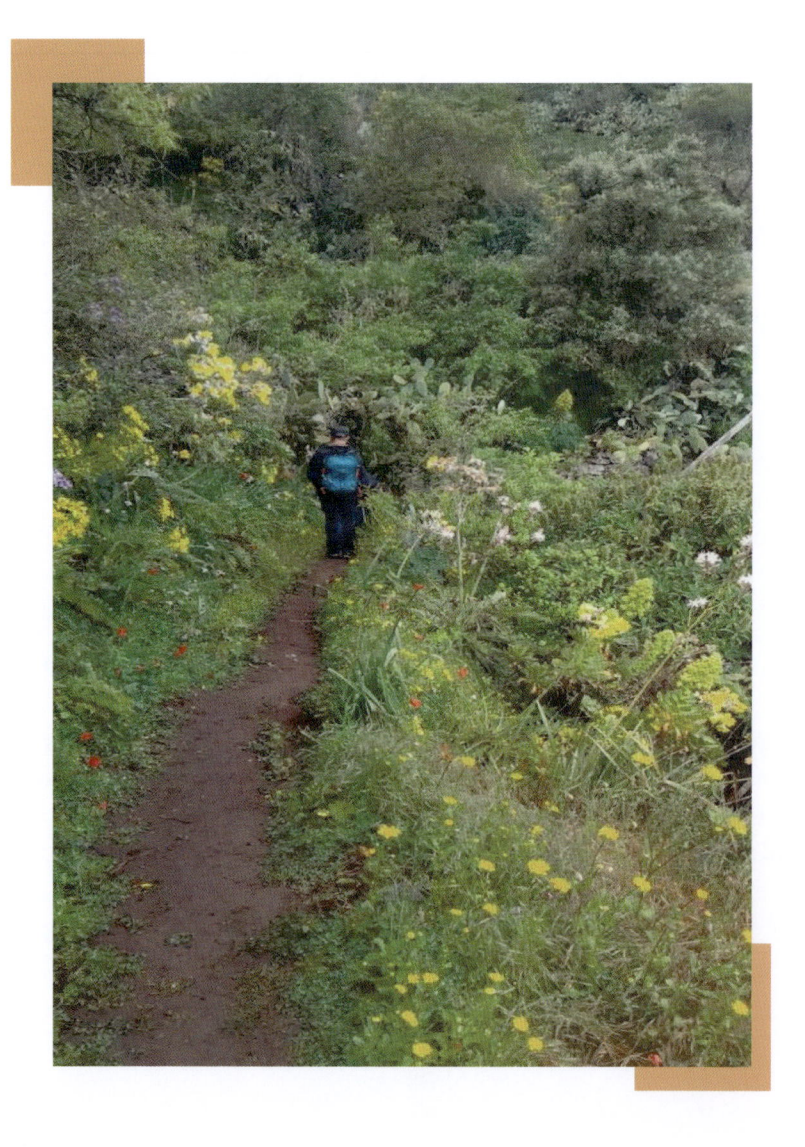

DESPERTAR CAMINANDO

CAMINAR SENDEROS ES toda una aventura de narices, oídos atentos y ojos inquietos. Ahítos de miradas "en balde" en la vida cotidiana, ilusionamos la vuelta a casa y miramos las plantas sobre la tierra, pies de niños que se alzan verdes desde el suelo y luego las flores de increíbles amarillos, naranjas o rojos te hacen inclinar el cuello libando su luz y aroma. No se detiene el pincel de lo eterno.

Y según respiras, el aire dona aroma etéreo de hinojo y de almendro, y sin pretenderlo, escuchas entre el silencio el increíble afán del pájaro carpintero, en tanto canta, ahora come, o pica el madero, asentado en la tierra y también anhelando el cielo.

EL SENTIDO DE VIVIR

"La flor es luz y es forma"

BIODIVERSIDAD

Cada planta, cada flor, en su lugar, su momento.
Cada abeja, cada insecto, halla su alimento.
Cada consciencia, cada ser,
su espacio, su tiempo, su aliento.
Píxeles de luz se agitan al viento,
simientes miles que ansían tierra y lluvia,
vida multicolor que alumbra el universo.
La flor es luz y es forma,
cualquier ser es forma,
cualquier ser es luz.

EL SENTIDO DE VIVIR

Sumisión del "Yo" en beneficio del Todo

LA ORUGA DEL PINO

Oruga Procesionaria del Pino (*Thaumetopoea pityocampa*)

ESTE INSECTO, EN SU FASE DE ORUGA, vive y se alimenta de las acículas de los pinos donde viven en nidos o "bolsones" de forma gregaria o social. En la primavera, se desplazan hacia el suelo siguiendo un hilo de seda, una detrás de la otra, en procesión, de manera que sus cabezas quedan ocultas por la parte final de la oruga que le precede, de esta forma evitan a los pájaros, pues estos se comen las cabezas de las orugas; y además, simulan la forma de una culebra que se arrastra sobre la tierra con lo que confunden a sus depredadores. Esta marcha tiene un propósito que no es otro que encontrar un lugar en el suelo a la temperatura adecuada para enterrarse a desarrollar la fase de crisálida y en tres o cuatro semanas, pasar al estado de mariposa. Curiosamente, esta transmutación se realiza en tan solo un porcentaje variable de crisálidas, las otras se reservan para una ocasión posterior por si las nuevas circunstancias ambientales fuesen más favorables y así garantizar la supervivencia de la especie. Su marcha conjunta nos alecciona sobre la sumisión del "yo" en beneficio del "Todo", y culmina con la aceptación de su "muerte" en el enterramiento y su paciente espera hasta su feliz transformación en mariposa dando así continuidad a la vida.

EL SENTIDO DE VIVIR

Bentor. Mencey guanche.
Villa de los Realejos. Tenerife

DEJA QUE HOY ESTÉ TRISTE

PORQUE HA LLOVIDO COMO NUNCA ANTES, y muchas personas han perdido sus casas, porque las nubes no permiten ver la luz ni el cielo, porque la noche es más que larga, y el siguiente amanecer aún tarda.

Deja que hoy esté triste porque en mis ojos hay cortinas de agua, y miro, y no veo que haya luz tras las ventanas. Porque en mi mente tampoco para de llover y los pensamientos corretean, y saltan, y duelen, como granizo ingobernable. Y si pienso no comprendo, a pesar de que la luz nace cada día de entre la noche, el ruido entre el silencio, o las plantas entre la tierra, o la sonrisa tras el duelo.

Deja que hoy esté triste porque no entiendo la enfermedad o la muerte, ni por qué éstas alcanzan también a las personas buenas. Quizás porque las almas grandes tienen que volar muy alto, tanto que se confunden en el cielo, y éste las acoge en un paraíso exclusivo para ellas. Y con este peso seguiremos viviendo, y en el rostro se abrirán profundos surcos por donde las lágrimas corran.

Deja que hoy no esté tan triste, en la esperanza de que un día alcance a leer entrelíneas lo que se oculta al saber. Y sobre la piel donde rodaron perlas de agua, vuelva la luz inmensa abriéndose paso entre las sombras y sintamos que todos estamos allí, donde solo hay luz, allí en el origen, allí desde donde venimos, allí adonde vamos.

¡Deja que hoy no esté tan triste!

EL SENTIDO DE VIVIR

Flores, mariposas, pajaritos, luz y aire

CONTEMPLAR EN LA NATURALEZA

1. Flores, mariposas, pajaritos, luz y aire.
2. La montaña y los árboles.
3. El agua, el río, el lago y el mar.
4. El cielo, el universo y el espacio infinito.

La Gran Fe – La Gran Duda – El Gran Valor
EL GRAN CAMINO

1. Flores, mariposas, pajaritos, luz y aire.

CUALQUIER DÍA ANDANDO por el campo o simplemente visualizando la escena en nuestra imaginación, amanece y el manto cálido de la luz solar, que se extiende sobre la tierra húmeda, despierta la alegría de las flores, y la brisa fresca las mece suavemente derramando tiernas gotas de rocío y esparciendo en el aire sus aromas, entre múltiples colores que impregnan sensaciones más allá de la piel, los sentidos, o la mente.

Atentos ahora, nuestros ojos virtuales se detienen en unas pocas flores, que radiantes de luz y color, son cortejadas por abejas, mariposas o pajaritos que revolotean y cantan a la tierra, a las plantas, al agua, al sol y al aire. Y evocan en nuestro ser memorias dormidas de renacimiento, de despertar, de amanecer a la vida, ser espontáneos y alegres como niños, dibujar sonrisas en nuestro rostro, y compartir como ellos, *La Gran Fe*, ser conscientes de que también somos seres iluminados. Como los niños, como los pájaros, como las flores.

2. La montaña y los árboles.

EN LA NATURALEZA SIENTES LIBERTAD en tus pasos, la alegría del camino; y según andas, al levantar la mirada, ves ahora el baile vital de mariposas y pajaritos a las copas de los árboles, en tanto van o vienen, donde las flores adornan el espacio que cubre la tierra. Es el inicio del sendero, entre gruesos troncos de árbol y al pie de la montaña, sólida en su amplia base, segura y estable, como los árboles; a veces sufren embates del viento o la lluvia o el mar; pero al tiempo la calma renace y desde lo alto la vista es más amplia, más nítida, bajo las nubes.

Costa norte de Gran Canaria

3. El agua, el río, el lago y el mar.

Y RESBALAN A LA TIERRA sobre pétalos de flor las gotas de rocío, y descargan las nubes sobre los árboles, y en la montaña se abren sendas al paso del agua, arroyos de agua cristalina, cascadas turbulentas, ríos enfangados; y luego la quietud, la calma del lago, el balanceo sereno de la inabarcable inmensidad del mar. Los lodos se depositan y **La Gran Duda** se disipa en la transparencia del agua, y los mayores obstáculos, nubes oscuras o tempestades, se reflejan en ella cual espejo inmutable. Y el agua sabia toma la forma, del mar, de la nube, la lluvia, el río o la cascada; y continua su camino, **El Gran Valor**, el gran propósito de andar hasta su origen, el océano que es también su destino.

4. El cielo, el universo y el espacio infinito.

"EL GRAN CAMINO" ES EL SENDERO que iniciamos tras el primer aliento, con nuestros pies sobre la tierra, en nuestro cuerpo físico; con nuestras experiencias, sensaciones, o pensamientos y las emociones o expectativas que de allí surgen y se atropellan en el insaciable azar de nuestra mente. Éstas, más pronto que tarde nos defraudan, y entonces buscaremos respuestas, y miraremos a lo alto, al cielo azul o estrellado, al universo o al espacio infinito, allí donde se contiene todo, allí donde no hay nada, allí de donde todo surge. Mirar allí, dentro de sí mismos, donde encontrar sin tan siquiera buscar, allí donde habremos de llegar igual de vacíos, así de transparentes, como cuando niños, cuando iniciamos el camino, tras el primer aliento.

Inspirado en la práctica de la meditación y la lectura de autores o Maestros:
David Fontana – Mingyur Rinpoché – Claudio Naranjo – Thich Nhat Hanh

EL SENTIDO DE VIVIR

Huerto ecológico BioDrago. El Valle de Agaete. Gran Canaria

EL UNIVERSO EN DIEZ DIRECCIONES

*"El universo entero que se extiende en las diez direcciones,
no es más que la clara luz del Sí Mismo.
En el universo entero que se extiende en las diez direcciones,
no hay ni un solo ser humano que no sea el Sí Mismo".*

CHÔSA SHÔKEN (SIGLO IX) KOMYÔ-CLARA LUZ (EXTRACTO)

CUALQUIER ELEMENTO, O COSA, forma, o ser, en este Universo donde quiera que se hallen en las mil direcciones del espacio infinito ya sean partículas, átomos, o criaturas vivas, han sido, y son realmente **partes de un Todo**. Eso al menos es lo que afirma la teoría del **Big Bang** según vigentes aproximaciones científicas y otras que se apoyan en ella.

Al observarse **la expansión continua del universo** que se manifiesta, por ejemplo, con el alejamiento progresivo de las galaxias, se postula que al retroceder en el tiempo hasta 15 millones de años ocurriría justo a la inversa: todos los elementos que constituyen el universo estarían cada vez más próximos, más y más unidos, hasta concentrarse en un solo punto, donde estaría contenida la infinita energía cósmica, y supuestamente, su gran expansión –**Big Bang**– sería, a la postre, el origen de Todo.

El Teorema de Bell nos plantea además que la infinidad de elementos o partículas que constituyen el universo pudieran interactuar, lo que se ha denominado "entrelazamiento cuántico", lo que significa que todas esas partículas se estarían comunicando entre sí instantáneamente conformando un "macro-sistema vivo" de partes de un Todo.

JOHN STEWART BELL (1928-1990)

EL SENTIDO DE VIVIR

"Anhelo de retorno a la Unidad"

AQUELLO QUE ESTUVO UNIDO siente *anhelo de retorno a la Unidad*, es decir, la separación, la dualidad, las partes, no dejan de ser manifestaciones diversas de la esencia primaria, "*...el Sí Mismo*", que finalmente halla su hogar en el Todo. Así lo expresa el gran maestro del budismo zen Chôsa Shôken en los versos de inicio de este capítulo, y así lo plantea la ciencia en la actualidad.

En este universo, las personas de cualquier origen o condición, los animales, las plantas medicinales y las otras, los seres vivos todos, los alimentos, la luz, el aire, la tierra, el agua... Todos, donde quiera que nos encontremos en las infinitas direcciones del espacio, somos parte de este prodigioso *"macro sistema vivo"* y *"ecológico"*, pues ecología no es más que el respeto y el fomento de las relaciones de interdependencia entre los seres vivos todos y el medio ambiente en que vivimos.

EL SENTIDO DE VIVIR

"Somos partes de un Macro-sistema Vivo"

SANA RELACIÓN CON LA NATURALEZA

"Los Cuatro Elementos":
La Tierra, El Agua, El Aire, El Fuego.

DESCRITOS POR ARISTÓTELES, allá por el s. IV a. C. y sin embargo, ya en el siglo XXII, aún los seres humanos somos todos inconscientes de que nuestra supervivencia como individuos y como especie sobre este planeta, depende absolutamente de los elementos que componen la propia naturaleza, y sobre ello la ciencia nos viene alertando año tras año de las múltiples consecuencias que provocamos:

- A causa de la incesante contaminación de los ríos, océanos, hasta las simples gotas de lluvia son afectadas (*Elemento-Agua*).

- A causa del empobrecimiento de los suelos de cultivo, o su impregnación de sustancias químicas tóxicas, lo mismo que los alimentos que se producen y consumimos (*Elemento-Tierra*).

- A causa de la adulteración de nuestra respiración por las sustancias tóxicas que continuamente esparcimos a la atmósfera (*Elemento-Aire*).

- A causa también de la quema de combustibles fósiles, el calentamiento global también supone un serio daño a nuestro planeta (*Elemento-Fuego*).

La ley universal de "Interdependencia" entre este medio natural y los innumerables seres que, circunstancialmente, ocupamos este prodigioso espacio de Vida nos indica que, absolutamente todos, dependemos para el desarrollo de nuestras vidas "los unos de los otros", desde las bacterias que habitan nuestro intestino, hasta los gusanos que fertilizan la tierra, las plantas, los animales, o los peces que habitan el mar, el viento, o las gotas de lluvia.

EL SENTIDO DE VIVIR

"Dependemos todos los unos de los otros"

LOS SERES HUMANOS PRECISAMOS aire para respirar, agua para beber, alimentos para comer, energía para la vida; y también nos es imprescindible el trabajo, el conocimiento y la amabilidad de los otros seres humanos para el desarrollo de nuestro ser individual y social. Sin embargo, debido a un egocentrismo ridículo, dada la temporalidad o brevedad de nuestra existencia, los seres humanos agotamos tercamente los recursos de este planeta a la par que explotamos a otros seres vivos y hasta a nuestros semejantes, en esta irracional ceguera, huida hacia delante, en beneficio de una minoría de individuos o sociedades que, por otro lado, jamás encontraran la satisfacción, la felicidad que obcecadamente persiguen, porque desde el inicio habrían errado el rumbo.

S. Jorge Cruz Suárez

Tamadaba. Gran Canaria. Vista al Teide. Tenerife

EL SENTIDO DE MORIR

Cuando el monje Ming acudió a Hui-néng, el Sexto Patriarca, (638-713 d.C.), para pedirle instrucción, éste le dijo:

> *"Muéstrame tu rostro original antes,*
> *de que nacieran tus padres".*

Ming no supo qué contestar, el Maestro lo había desconcertado. Se palpó el rostro, bajó la mirada, y se retiró en silencio lo mismo que había venido. Luego, tras el correr de los años Ming decidió:

> *"Voy a volver al rostro que antes de nacer he tenido, y*
> *que nunca me ha abandonado mientras he estado vivo".*

SEGÚN COMENTÁBAMOS AL INICIO de esta obra, "El Sentido de Vivir" nos invitaba a comprender y aceptar la vida sabiamente, como ella es, y así sentirnos Uno con Todo, no una parte de la vida, sino Ser y reconocernos como la propia Vida, universal y absoluta. Entonces la muerte es tan solo un instante, como nuestra existencia, momentos que ni siquiera existen en la infinitud del tiempo, "instantes de eternidad" que nos permiten ser testigos conscientes, y maravillados, contemplar cara a cara, como ante un espejo, "el rostro original" que antes y después de nacer, y también antes y después de morir, hemos sido, y seremos.

Según este razonamiento sí que existe la Vida Eterna, en tanto que es así La Vida, desde muchos millones de años pero, como individuos vivos dotados de cuerpo, identidad, personalidad, mente, nuestra existencia acaba al momento de la muerte. No habitaremos el cielo o el infierno en respuesta a nuestra moral o conducta de vida. Ni un Dios habrá de juzgarnos. Ni ocurrirá la resurrección de la carne o reencarnación.

Existe por supuesto la causalidad o consecuencias de nuestros pensamientos, palabras, y acciones, y también la casualidad de las interacciones con otros seres o la propia naturaleza que nos acoge.

Así lo explica una de las mentes más claras del siglo XX :

> *"No puedo imaginar un Dios que recompense y castigue a los objetos de su creación. Tampoco puedo creer que el individuo sobreviva a la muerte del cuerpo, aunque los espíritus débiles sostienen dicha idea por miedo o por un egoísmo ridículo. Para mi resulta suficiente contemplar el misterio de la vida consciente perpetuándose a lo largo de la eternidad".*

ALBERT EINSTEIN (1879-1995)
"WHAT I BELIEVE", *FORUM AND CENTURY* (OCT 1930)

Éste es probablemente "El Sentido de Vivir" y también "El Sentido de Morir":

El *sentido de vivir* es maravillarse, "iluminarse" ante la vida, ser partes y ser inseparablemente Todo; ser la propia Vida, y como tales, ser instrumentos extasiados en la composición y ejecución de la sinfonía cósmica.

El *sentido de morir* es que, una vez maravillados, nuestro cuerpo y mente, nuestra identidad e historia en esta vida, dejan de existir como "seres separados"; y transmutamos entonces, cual gusano a crisálida o mariposa, para ser de nuevo, felizmente, partes de un Todo que se funden en la gloriosa continuidad de la Vida...

Eso que ya éramos, "el rostro original", antes de que nacieran nuestros padres.

...Y si estamos en un error, no habremos perdido nada, es como saltar del avión sin paracaídas, en la certeza de tampoco existe un suelo donde estrellarnos.

Es oportuno, ya finalizando este discreto librito, expresar que solo pretende ser un "dedo que apunta a la luna"; un intento de traer realidad, esperanza y alegría, a los muchos interrogantes y circunstancias que la vida nos plantea.

Así nos promete un gran maestro espiritual de nuestro tiempo:

*"Llegará un tiempo
en el que no surgirán más preguntas,
y no necesitarás más respuestas.
Solo la luz de la pura consciencia,
amor y sabiduría sin límites brillarán en ti.
No más dudas, no dualidad ni anhelo.
Un tiempo que no es distinto a este momento"*

"Antes de Yo Soy"
Mooji - 2018

BIBLIOGRAFÍA FUENTE

1. Adyashanti. La danza del vacío. 2008 PDF (M)
2. Aitken R. Emprendiendo el Camino del Zen. Kolima, Madrid 2016. (I)***
3. Baron A.P. Vida y enseñanza de Buda. Bosque Therabada 2011. PDF (I)**
4. Byung-Chul Han. Loa a La Tierra. Herder, Barcelona 2019. (M)
5. Corbí Marià. El Conocimiento Silencioso. Fragmenta Editorial, Barcelona 2016 (L)
6. Deshimaru T. La Voz del Valle. Paidós Orientalia, Barcelona 1985 (I)***
7. Deshimaru T. Preguntas a un Maestro Zen. Kairos, Barcelona 2008. (I)**
8. Dhiravamsa. La Via Dinámica de la Meditación. La Liebre de Marzo, Barcelona 2012. (L)
9. Dogeb Eihei. Shobogenzo. Kairós, Barcelona 2015. (L)
10. D'Ors Pablo. Biografía del Silencio. Biblioteca de Ensayo Siruela, Madrid 2012 (I)**
11. Fontana D. Aprender Meditación Zen. Ediciones Oniro. Barcelona 2001. (I)***
12. Goleman D. La meditación y los estados superiores de conciencia. Sirio, Málaga 2006. (L)
13. Goldstein J y Kornfield J. Vipassana. Kairos. Barcelona, 1996. (M)
14. Guardans T. La Verdad del Silencio. Herder, Barcelona 2009. (L)
15. Guardans T. Silencio. San Pablo, Madrid 2021. (L)***
16. Hart, William. El Arte de Vivir. Meditación Vipassana. Metta, Buenos Aires 2009. (M)
17. Hermann Hess. Shidhartha. De Bolsillo, Barcelona 2012. (I)**
18. Jäger Willigis. En cada ahora hay Eternidad. Desclée de Brouwer, Bilbao 2004. (I)**
19. Kabat Zinn J. Mindfulness en la vida cotidiana. Paidós, Barcelona 2011. (I)**
20. Kosho Uchiyama. Abrir la mano del pensamiento. Kairós, Barcelona 2009. (M)
21. Krishnamurti Jiddu. La Libertad Primera y Última. Kairós, Barcelona 2021.(L)
22. Le Van Quyen M. Cerebro y Silencio. Plataforma Editorial, Barcelona 2019. (I)***
23. Loy David R. Ecodharma. Ediciones La Llave, Barcelona 2021.(M)

24. Melloni Javier. De Aquí a Aquí. Kairós, Barcelona 2021. (L)***

25. Melloni Javier. Sed de Ser. Herder, Barcelona 2020.(M)

26. Mingyur Rinpoché Y. La Alegría de vivir. Rigden-Institut Gestalt, Barcelona 2012. (I)***

27. Mingyur Rinpoché Y. Transformar la confusión en claridad. Kairós, Barcelona 2016. (I)**

28. Mooji. An Invitation to freedom. Mooji Media Ltd. UK 2018 (M)

29. Naranjo C. Budismo dionisiaco. Ediciones La Llave, Barcelona 2014. (M)

30. Nisargadatta Maharaj. Yo Soy Eso. Sirio, Málaga 2017 (L)

31. Prem Rawat. Cuando el desierto florece. Aguilar, Barcelona, 2017. (I)**

32. Prieto José M. y Akihiro Yano. Poesía Mística Zen. Miraguano Ediciones, Madrid 2013 (M)

33. Zuzuki Shunryu. Mente Zen, mente de principiante. Gaia Ediciones, Madrid 2011 (L)

34. Thich Nhat Hanh. Cómo Andar. Kairós, Barcelona 2019. (I)**

35. Thich Nhat Hanh. Còmo Mirar. Kairós, Barcelona 2019. (I)**

36. Thich Nhat Hanh. El corazón de las enseñanzas de Buda. 2001 PDF (I)**

37. Thich Nhat Hanh. Plantando semillas. Editorial Kairós, Barcelona, 2015. (I)**

38. Tole Eckhart. Un Nuevo Mundo Ahora. De Bolsillo, Barcelona 2014. (I)**

39. Yoko Beck Ch. Zen día a día. Gaia Ediciones, Madrid 2013. (1)*

(I)*** Lecturas más recomendadas a quienes se inician.

(M) Lectura recomendada al practicante de experiencia media.

(L) Lectura recomendada al practicante de larga experiencia.

SOBRE EL AUTOR

S. JORGE CRUZ SUÁREZ nació en Agaete, Gran Canaria, el 2 de abril de 1955. Es licenciado en medicina por la Universidad de Las Palmas de GC. Ha desarrollado su ejercicio profesional durante más de 30 años como Médico Naturista: fitoterapia, alimentación, acupuntura, etc. Dirige el centro BioDrago SALUD NATURA CULTURA en Gáldar, que ofrece además otros servicios como fisioterapia, psicología, hipnosis clínica, terapia Gestalt, yoga, y meditación. Es autor del libro *"Más de 100 Plantas Medicinales"* y de uno más, titulado *"Psoriasis. La opción natural"*. Cultiva además su propio huerto ecológico de plantas medicinales en El Valle de Agaete, al noroeste de la Isla de Gran Canaria.

Es senderista consumado a través de los miles de caminos de las Islas Canarias y otros de la Macaronesia, El Camino de Santiago, etc. Admirador del paisaje, de las plantas, del aire, del sol, de la lluvia y el mar, de las montañas, de los seres humanos o animales, la biodiversidad toda y los senderos más profundos o sutiles del alma.

Conoce y practica la meditación esporádicamente desde su juventud, a través de autores como Paramahansa Yogananda, o Prem Rawat, y de manera formal o cotidiana desde ya más de una década. Ha recibido formación en la filosofía y la práctica Zen a través la Asociación Maestro Eckhart y su mentor canario Celso Navarro Roshi, a su vez discípulo de Willigis Jäger, 45º sucesor de Lin Chi (línea Rinzai).

Printed in Great Britain
by Amazon